Etoiles de Mer

PRÉFACE

PAR

ABEL HERMANT

Guillaume

H. SIMONIS EMPIS, ÉDITEUR

Étoiles de Mer

ALBERT GUILLAUME

Étoiles de Mer

ALBUM INÉDIT

PRÉFACE

DE

ABEL HERMANT

PARIS

H. SIMONIS EMPIS, ÉDITEUR

21, RUE DES PETITS-CHAMPS, 21

PRÉFACE

Mon cher Guillaume,

Vous m'avez fait un plaisir très vif en désirant mon humble parrainage pour vos *Étoiles de Mer*, et je vous en remercie cordialement.

D'ailleurs, comme tous ceux qui écrivent des préfaces, j'estime qu'elles sont superflues. Je serais de vous que je ne mettrais pas d'écriture en tête d'un livre qui a la chance d'être d'images.

En visitant votre riante exposition de la Bodinière, je me suis pris à vous envier de n'avoir pas, comme nous autres, besoin d'un langage pour exprimer ce temps-ci, qui est tout en surface et tout en gestes. Alors, pourquoi un boniment préliminaire?

Même parmi les romanciers, dits ou soi-disant de mœurs,

le public ne goûte plus déjà trop ceux qui lui analysent et qui lui dépiautent les êtres. Cette vivisection ne lui agrée plus. Il préfère les notations brèves d'extériorités, d'aspects, de physionomies. Et comme vous notez ces choses-là mieux que nous, plus directement, plus exactement! Vous êtes aussi instantané que la photographie, avec l'intention et la malice en plus.

Vos plus sommaires croquis contiennent une observation décisive et formulent une pensée totale, qui se voit. Si vous y ajoutez quand même, par luxe, des mots au bas de la page, c'est de ces mots de dessinateur, brefs, nerveux, nets — coup de langue et coup de crayon — ces mots de légende qui peut-être demeureront comme les plus typiques modèles du style d'à présent. Qui sait si le lointain avenir n'y trouvera pas, sur nos intimités d'âme, plus de documents que dans le fatras des gros livres, et si le *corpus* des menues phrases lapidaires cueillies aux pages de nos illustrés ne sera pas épluché par les historiens futurs comme une précieuse épigraphie rosse de notre époque?

En sorte, mon cher Guillaume, que dans l'aimable inconscience de votre modestie et avec la belle humeur de votre talent sans arrière-pensées, vous seriez en train de nous édifier une vraie petite comédie humaine, au moins une petite comédie parisienne, très véridique et très complète.

Vos *Étoiles de mer* en étaient une des pages attendues. Il fallait nous montrer encore cet épisode de la vie de Paris : Paris hors chez soi, le Parisien et la Parisienne dans la Nature, en tête à tête avec l'Océan, et tout ce qui en résulte : depuis la

cabine aux stores baissés jusqu'au tapis vert du Casino-Club,
où un peu plus de poussette est permis aux pontes, en consi-
dération de la liberté des vacances.

Votre souplesse s'est aisément prêtée à ce changement de
décor. Après des stations un peu complaisantes dans les cabi-
nets les plus particuliers, vous aviez déjà su acclimater votre
verve aux spectacles moins appétissants de la caserne : cette
fois vous lui donnez du plein air, vous vous payez une fête de
clair soleil et de papillotantes couleurs, vous vous permettez
un rien de nu après beaucoup de déshabillé, et vous ouvrez à
vos *bonshommes* des horizons qui n'en finissent plus.

Ils ne sont pas timides : cette immensité ne les déconcerte
guère. Ils restent eux-mêmes, toujours alertes, prêts au succès,
qui les attend cette fois comme toujours, et que je leur souhaite
ainsi qu'à vous, mon cher Guillaume, en vous serrant très
amicalement la main.

ABEL HERMANT.

— Je pars...

— Tu pars!!!

— Il part !

— Nous partons…

— Tu sais, j'ai perdu quatre livres !
— Tu gagnerais beaucoup à perdre encore un peu...

En route pour le petit trou pas cher...

En route pour le grand trou très cher...

— Comment, tu es venue ici toute seule?
— Dame, pour revenir deux...

LA BARQUE DU DANTE

D'APRÈS DELACROIX

— ... Votre mari ou votre amant ?
  · Merci, Monsieur : j'ai l'un et l'autre...

— Voilà, voila, mon ami... je n'ai plus qu'une épingle à mettre...

— ... Elle a l'air du dernier bien avec lui...
— Et le dernier bien est si près du premier mal...

— Chut! c'est pour mon divorce!...

— Vous avez, ma chère, une assiette superbe !
— Pas de la vaisselle plate, pourtant !

Rêverie...

ÉTOILE FILANTE

Madame est partie ce matin, Monsieur.
— ... Elle n'a rien laissé pour moi ?
— Si, Monsieur, sa note.

DEMI-VIERGE

— Vous ramènerai-je auprès de madame votre mère ?
— Oh ! ben non, vous savez ; on vient au bord de la
mer, c'est pour lâcher un peu la sienne...

— Prête-moi dix louis, j'ai oublié ma bourse...
— C'est curieux que tu n'oublies jamais de l'oublier!...

Lui. — Avouez, chère madame, qu'il fait meilleur ici... ce clair de lune...
ce flot endormi... ces échos lointains de notre valse interrompue...

Elle. — Oh! Monsieur...

Elle. — Cette nuit... ce silence... cette immensité... j'ai peur...

Lui. — Oh! Madame...

. . . .

Elle. — As-tu l'heure?... Pourvu qu'il soit encore au bac...
Lui. — Nom de nom! ma montre s'est arrêtée!

— Oh! non, pas aujourd'hui... j'ai pris un bain ce matin...
c'est ennuyeux, tous ces déshabillages!

--- Fais bien attention à ta tête, mon ami !

Ce qu'on appelle un vent à décorner le train du samedi.

— Plus de marée basse!

IMPRIMÉ

PAR

CHAMEROT ET RENOUARD

10, rue des Saints-Pères, 10

PARIS

Clichés de la maison Sgap. — Coloris de la maison Greningaire.